Yf 12299

SUR L'ÉTAT ACTUEL

DU THEATRE

DE LA REPUBLIQUE.

SUR L'ETAT ACTUEL

DU THEATRE

DE LA REPUBLIQUE,

PAR UN AMATEUR,

Qui a vu, qui voit et qui lit dans l'avenir.

CONSUMMATUM EST.

A PARIS,

Au CABINET DE LECTURE, Palais du Tribunat,
2e. galerie de bois, n°. 239.

AN X.

SUR L'ÉTAT ACTUEL

DU THÉÂTRE

DE LA RÉPUBLIQUE ;

PAR UN AMATEUR,

Qui a vu, qui a lu et qui lit dans l'avenir.

———

CONSUMMATUM EST.

———

A PARIS,

De l'Imprimerie de Lenormant, Palais du Tribunat, galerie de bois, n°. 267.

———

AN X.

SUR L'ÉTAT ACTUEL DU THÉATRE DE LA RÉPUBLIQUE.

LE théâtre français n'existe plus; celui de la République, qui s'est élevé sur ses ruines encore fumantes, et qui jouit maintenant de ses dépouilles, est à son zénith. Cet état de prospérité durera-t-il? c'est ce que l'avenir nous apprendra; mais malheureusement il y a beaucoup plus à craindre qu'à espérer. Il est cependant bien à desirer, pour l'intérêt de cet art enchanteur qu'ont immortalisé les Corneille, les Molière, les Racine, les Voltaire, que ce théâtre se maintienne long-tems dans l'état de splendeur où il se trouve. Il nous offre du moins les déplorables restes de ce théâtre français que j'ai vu, dans ma jeunesse, rayonnant de gloire, et qui depuis.... mais alors il était.... ce qu'il n'est plus et, tout porte à le croire, ce qu'il ne sera pas de long-tems.

Bien des gens craignent, peut-être avec fondement, que ce prétendu rapatriage ne soit, de part et d'autre, qu'une *réconciliation normande* ; c'est encore ce que l'avenir nous apprendra. En attendant, jouissons du peu qui nous reste : que nous importe ce qui se passe derrière la toile, quand elle est baissée?

On a fait, au sujet de cette réunion, une remarque assez singulière, et qui pourrait servir à l'appui de ce que je viens de dire, c'est que, sans exception, les acteurs de l'ancien théâtre français, passés à celui de la République, semblent avoir perdu, dans la traversée, une partie, plus ou moins considérable, de leurs moyens. S'il fallait en fournir la preuve, je ne serais embarrassé que du choix. D'où cela provient-il ? D'une cause toute naturelle. Les représentations du théâtre de la République ne ressemblent en rien à celle du théâtre français. Il y régnait un esprit de corps, une émulation, une rivalité même qui leur donnaient le plus grand éclat. Tout cela n'existe plus. Chacun, depuis le premier talent jusqu'au plus mince sujet, regarde son rôle comme une tâche pénible, dont il cherche à se débarrasser promptement. On s'apperçoit sans peine qu'aucun des acteurs n'est à son aise ; cela nuit au développement de ses facultés, et l'ensemble de la représentation ne peut que s'en ressentir. Ajoutez à cela que le parterre du théâtre de la République n'est pas à beaucoup près le même que celui du faubourg St.-Germain, et l'on aura le mot de l'énigme. Le parterre de l'ancien théâtre français était composé des étudians de l'université, des vieux habitués du café de Procope qui dirigeaient leur goût et guidaient leur inexpérience, enfin d'une infinité d'autres bonnes têtes accoutumées à envisager les choses sous leur véritable point de vue, et qui jugeaient sainement, parce qu'elles avaient plus de bon sens que d'esprit, et que l'éducation soignée qu'elles avaient reçue était un guide excellent qui les empêchait de s'égarer. Aujourd'hui, qui est-ce qui compose le parterre du théâtre de la République ? Une tourbe d'étourneaux qui n'ont point fait d'études, qui n'ont rien vu, rien lu, et qui jugent une tragédie de Racine ou de Voltaire, comme une rapsodie du théâtre de Montansier ou une pantomime des boulevards : des agioteurs du perron qui donnent quelquefois à Zaire ou à Monime la préférence sur Jocrisse et sur Cadet Roussel : des commis de marchands, car ils s'appellent aujourd'hui commis, comme les acteurs s'appellent artistes, qui mesurent le génie à l'aune, et ne voient rien au-delà de leur étroite sphère : enfin des spectateurs indifférens qui sont toujours de l'avis du plus grand nombre, et qui n'ont pas assez de discernement pour juger d'après leurs sensations, par la raison qu'ils ne sentent pas, et que tout leur devient à-peu-près égal, pourvu qu'ils tuent le tems et que la soirée s'écoule. Voilà pourtant les juges qui prononcent maintenant sur le sort des pièces et des acteurs. Il est bien humiliant pour un homme qui sent sa force, de se voir soumis à un tribunal, dont les sept huitièmes de ceux qui le composent ne sont point en état d'apprécier son talent, ou qui sont payés pour le dénigrer. Une pareille idée est bien faite pour décourager le comédien le plus aguéri.

Il y a environ quarante ans que je suis, sans interruption, le théâtre français qui, pendant long-tems, a fait mes délices et dont l'aspect déplorable me cause aujourd'hui de stériles regrets. Durant ce long espace de tems, pas une pièce nouvelle, pas un début, pas une représentation marquante à laquelle je n'aie assisté. J'ai vu se succéder deux générations d'acteurs, et je suis forcé de convenir que jamais le théâtre français ne fut aussi faible, ce qui n'empêche pas néanmoins qu'il ne soit encore le premier théâtre de l'Europe ; mais, qu'on y prenne garde : sa gloire est précaire ; le feu sacré est sur le point de s'éteindre, et si l'on ne s'occupe pas efficacement des moyens de le rallumer, encore quelques instans, et l'obscurité la plus profonde enveloppera de ses voiles épais le temple auguste de Melpomene et de Thalie.

Ce n'est pas la faute du gouvernement, si le théâtre français penche avec tant de rapidité vers sa décadence; il ne néglige rien pour en relever l'éclat, et fait à cet égard tous les efforts et tous les sacrifices qui sont en son pouvoir ; mais il ne dépend pas de lui d'arrêter le torrent du mauvais goût qui menace d'engloutir tous les beaux arts.

La tragédie et même la comédie sont presque abandonnées tant à Paris que dans les provinces : tous les jeunes gens, qui se destinent à l'état de comédien, préfèrent, pour peu qu'ils aient un filet de voix, le genre de l'opéra-comique, qui présente plus de facilité, donne beaucoup moins de mal, n'exige que peu d'études et dans lequel les succès sont le plus assurés : il ne se forme point ou peu d'élèves dans le bon genre, par la raison qu'il n'y a point de maîtres pour leur donner les premiers élémens de leur art, ni de modèles pour guider leurs pas dans la carrière qu'ils voudraient parcourir.

Encore une dixaine d'années, et les acteurs de l'ancien théâtre français réunis à celui de la République, toucheront au terme de leur carrière dramatique ; quelques-uns même l'auront déja terminée. Qui les remplacera ? Je le dis à regret ; des sujets dont autrefois les talens eussent été soufferts tout au plus dans les troupes ambulantes. La chûte de l'art dramatique s'opère avec une rapidité véritablement effrayante. Il y a près de quarante ans qu'elle a commencé, mais d'une manière presqu'insensible, et ce n'est que depuis environ douze ans qu'on lui voit prendre de jour en jour un nouvel accroissement dont on ne peut prévoir le résultat, et qui le menace d'une ruine totale. Chénier et Talma peuvent se flatter, si toutefois il y a lieu, de l'avoir au moins précipitée, et les vandales ont fait le reste.

Un rapprochement succinct et rapide, mais vrai dans tous ses points, de tous les sujets qui ont rempli les premiers emplois du théâtre français depuis quarante ans, peut former un tableau susceptible d'intérêt quoique affligeant au fond : je vais l'esquisser, ne dût-il servir qu'à constater les tristes vérités que je viens d'avancer. On peut d'autant plus compter sur son exactitude, que je ne parlerai que d'après moi, et que je suis trop ami de l'art et des artistes pour ne rien avancer qui ne soit vrai dans toute l'acception que peut avoir ce mot.

Madame Grandval, femme du célèbre acteur de ce nom, jouait l'emploi dit des grandes coquettes, avec une aisance, une noblesse et une grace qu'aucune actrice, depuis elle, n'a pu réunir. Madame Préville, qui lui a succédé, ne pouvait que paraître inférieure, en recueillant un si bel héritage; mais elle raisonnait ses rôles et les rendait avec une décence et une précision dont elle fut le dernier modèle. Mademoiselle Contat est charmante : son jeu fin et spirituel est bien fait pour séduire les femmes et les jeunes gens; elle réunit tous les moyens de plaire; mais, j'en demande pardon à ses nombreux partisans, je cherche vainement en elle le ton et les manières d'une femme de qualité, et je n'y trouve qu'une bourgeoise minaudière. Ce qui prouve néanmoins que ce n'est pas tout-à-fait sa faute, mais celle du public qui l'a gâtée par des applaudissemens mal appliqués, c'est qu'elle a montré, dans le rôle de madame de Randan (1) qu'elle a rendu

---

Personnage d'une mauvaise pièce de Monvel intitulée : les Amours de Bayard, représentée en 1784.

avec infiniment de noblesse et de dignité, qu'elle était capable de s'élever à la plus grande hauteur; mais malheureusement elle en resta là : elle a sans doute trouvé plus commode de se faire applaudir sans travail et sans efforts, et elle a sacrifié aux jouissances du moment, celles d'un avenir quelquefois incertain, mais qui dédomagent bien de la peine qu'on a prise pour se les procurer.

L'acteur le plus parfait qu'ait jamais possédé la scène française et qui probablement ne sera jamais surpassé, Lekain a légué, en mourant, son emploi, mais non pas son talent à Larive qui n'a point poussé la perfection de l'art aussi loin que son inimitable modèle. Larive était dans l'âge de procurer encore quelques beaux jours à Melpomène, lorsqu'un impertinent journaliste, grossier comme un pédant de collège, s'avisa, on ne peut deviner par quel motif, de l'outrager au point qu'il jura de ne plus reparaître sur la scène; il a malheureusement tenu sa parole, et l'art dramatique a perdu dans sa personne un de ses derniers soutiens. Saint-Prix, bien partagé par la nature, a tout ce qu'il faut pour jouer les premiers rôles tragiques : noblesse, dignité, grandeur; rien ne lui manque; il se dessine avec grace; tous ses mouvemens sont justes et dans la nature. Toutes les fois qu'il est question de représenter un roi, un prince, un conquérant, il se trouve bien placé; mais malheuseusement il n'est plus le même dans les scènes qui exigent de la sensibilité; c'est sa partie faible; il ne lui manque que cette qualité qui est un don de la nature au-dessus des efforts de l'art, pour être le premier acteur tragique de la scène française. Talma, malgré son talent, car je suis loin de lui en refuser, ne remplacera jamais ni Lekain, ni Larive, ni même Saint-Prix. Il a un petit nombre de rôles dans lesquels il excelle, c'est une justice à lui rendre. Malheureusement ce ne sont, à peu de chose près, que des rôles créés pour et par la révolution, et qui ne tarderont pas à disparaître du répertoire.

Comme il n'a ni noblesse, ni dignité, ni représentation, et qu'il n'a pour lui que ses yeux et les traits de son visage qu'il compose de manière à peindre avec énergie les situations fortes et terribles, son emploi se trouvera fort circonscrit, et il ne laissera après lui ni réputation, ni regrets.

L'incomparable Dangeville a, pendant plus de trente années, porté dignement le masque de Thalie; elle l'a remis, en se retirant, à madame Bellecour qui, sans la valoir tout-à-fait, a marché dignement sur ses traces. Mademoiselle Joly, qui lui a succédé, n'était pas aussi universelle; elle ne s'en tenait qu'à l'ancienne comédie qui est la seule estimable, la bonne et la vraie comédie; mais elle y excellait; et il est malheureux qu'une mort prématurée l'ait enlevée au milieu de sa carrière. Mademoiselle Devienne a un talent entièrement opposé au sien ; elle n'est bonne que dans ce qu'on appelle le marivaudage; mais aussi elle s'y montre supérieure et y sera difficilement remplacée. Quant à l'emploi de soubrette, proprement dit, il est vacant au théâtre de la République.

Grandval a laissé une grande réputation dans les rôles du haut comique ; je ne l'ai vu qu'à son déclin, mais il conservait d'assez beaux restes de son talent, pour qu'on pût se former une idée de ce qu'il avait dû être.

Son successeur, Bellecour, l'a suivi de près et l'a quelquefois même égalé : ils avaient tous deux l'avantage d'un port noble et majestueux, d'une figure distinguée et d'une tournure propre à l'emploi auquel ils s'étaient voués. Bellecour avait encore quelques années à briller sur la scène, lorsqu'il fut enlevé par une mort prématurée. Molé, l'un des derniers favoris de Thalie, et qui nous console encore aujourd'hui d'une partie des pertes que nous avons successivement éprouvées, n'a point égalé son prédécesseur dans les rôles du haut comique, mais il était inimitable dans ceux de petits-maîtres, dans lesquels sa tournure le servait admirablement bien. Il ne reste guères plus de tous les rôles qu'il jouait autrefois, que le Misanthrope qui puisse encore lui convenir. C'est au reste un comédien profond, qui possède tous les secrets de son art et dont la conservation est infiniment précieuse pour le théâtre français. Fleury, qui a partagé avec Molé la succession de Bellecour, avait sur son rival l'avantage d'une taille élégante et bien prise et d'une figure plus distinguée, quoique peut-être un peu dure. Personne ne possède à un plus haut degré l'aisance, le ton, les manières des gens de qualité : aussi personne ne peut-il être mis en parallèle avec lui dans les pièces de l'ancien répertoire. Cet excellent acteur a fait preuve de plus d'un talent dans les pièces d'un autre genre. Les rôles de Dorante dans les Victimes Cloîtrées, du Roi de Prusse dans les Deux Pages, de Charles dans le Vieux Célibataire, et d'autres encore qu'il serait trop long de détailler, démontrent assez qu'il sait se plier à plus d'un emploi, et qu'il n'est point de difficultés que ne surmonte un comédien qui aime son art et qui en connaît toutes les ressources. Les pièces de Marivaux ont encore offert à Fleury un champ qu'il a moissonné de manière à ne laisser à ceux qui voudront le parcourir après lui, que le regret de ne pouvoir jamais l'atteindre.

Baptiste, si plaisamment surnommé le Télégraphe, se traîne péniblement sur les traces de Molé et de Fleury, dont il est à une distance incalculable. Sa taille gigantesque et sans graces qui l'oblige à se tenir courbé pour se mettre au niveau des interlocuteurs avec lesquels il est en scène, le mouvement continuel de ses grands bras qui lui a fait donner le sobriquet dont il vient d'être question, le peu d'expression de sa figure immobile et froide, tout aurait dû l'éloigner d'une carrière pour laquelle la nature ne l'avait destiné ; mais il en a jugé autrement, et ce n'est pas ce qu'il a fait de mieux. Il a joui dans le rôle du Glorieux d'une grande réputation sans doute auprès de ceux qui ne sont pas assez connaisseurs pour apprécier le talent d'un comédien : j'en ai voulu juger par moi-même, et je me suis convaincu qu'il ne répondait pas à beaucoup près à l'idée qu'on m'en avait donnée. J'ai vu qu'il ne rendait pas le rôle du comte de Tuffière avec la hauteur noble et décente d'un homme de cour qui sent un peu trop la grandeur de sa naissance et la dignité de son rang et croit qu'il est de son devoir de la faire sentir aux autres, mais avec la brusquerie, pour ne pas dire la brutalité d'un parvenu. Point de nuances, point de transitions, de la roideur, du plat orgueil en un mot. Ce n'est pas ainsi que Destouches a tracé le caractère de son Glorieux; ce n'est pas ainsi que le jouait Dufresne qui a créé le rôle; ce n'est pas ainsi que s'en acquittaient Grandval et Bellecour qui l'ont successivement remplacé. Je ne connais que deux pièces dans lesquelles Baptiste soit bien en scène, l'Abbé de l'Epée et les Deux Frères. Mais en voilà beaucoup trop sur un sujet si peu important. Damas s'est essayé dans la tragédie, dans la comédie, dans le drame; il est médiocre dans tout, et probablement il ne sera jamais meilleur. Quant au jeune Armand, il a quelques dispositions, mais je doute qu'il devienne jamais bon acteur, car, depuis son début, il n'a pas fait le moindre progrès.

Mademoiselle Clairon, qu'une intrigue de coulisse a contrainte de quitter la scène dans la force de son talent, avait laissé à madlle. Dubois un immense héritage à recueillir. Cette dernière avait tout pour devenir un des plus fermes soutiens de la scène française : graces, jeunesse, beauté, moyens, talens même, rien ne lui manquait; mais le plaisir était l'idole à laquelle elle sacrifiait tout ce qu'elle devait avoir de plus cher. Elle menait une vie dissipée, et ne fut jamais que médiocre : une mort prématurée l'a enlevée au théâtre où elle n'a fait que paraître. Mlle. Sainval, cadette, quoique avec infiniment moins de moyens naturels, l'a promptement fait oublier. C'est celle qui s'est approchée le plus près de mademoiselle Clairon qu'elle n'a cependant jamais égalée. Mademoiselle Fleury, qui lui a succédé, a peu de moyens et beaucoup de talent ; elle aime son art et y ferait des progrès rapides, si la faiblesse de sa constitution ne s'opposait à ses efforts constans. La vérité cependant m'oblige à dire qu'elle est loin de mademoiselle Sainval et plus loin encore de mademoiselle Clairon. Je ne dirai pas grand'chose de mademoiselle Desgarcins qui n'a pour ainsi dire fait que paraître, et qui serait devenue peut-être une actrice supérieure, si les circonstances et une mort en quelque sorte forcée ne l'eussent enlevée au théâtre.

Je n'ai point vu jouer Sarrazin qui était retiré avant que je fusse dans le cas de fréquenter le théâtre ; mais, de l'aveu de tous

ceux

ceux qui l'ont connu, Brizard lui était bien supérieur. Il joignait à l'avantage d'une figure noble, majestueuse et respectable, une diction pure, un bel organe et quelquefois de la chaleur et du sentiment. Il n'en est malheureusement pas de même de Vanhove qui a succédé à Brizard. Il dit assez bien ; mais sa tournure est commune, et rarement il s'échauffe. Il paraît qu'il n'a jamais travaillé, car il est tel qu'on l'a vu lors de ses débuts.

Naudet, qui partage aujourd'hui avec Vanhove et Monvel l'emploi des pères nobles, a une belle figure, une représentation marquante et un maintien distingué, mais il est froid; les rôles raisonnés sont ceux où il est le mieux placé ; personne n'est en état de rendre comme lui l'Arons de Brutus, le père Laurent des Victimes Cloitrées, le Philinte du Philinte de Molière, etc. Pour Monvel, il n'a ni noblesse ni représentation ; il n'a pour lui que de la sensibilité et beaucoup d'usage de la scène ; mais du reste il manque des caractères propres à cet emploi, ses moyens physiques se trouvant absolument

B

nuls. Il y a long-tems qu'il aurait dû se faire l'application de ce vers d'Horace :

Solve senescentem

Mademoiselle Doligny avait, en succédant à la célèbre Gaussin, une tâche difficile à remplir, et, sans avoir ses moyens et sa beauté, elle la suivit d'assez près pour laisser après elle une grande réputation. Je ne crois pas que madame Petit qui tient aujourd'hui son emploi, puisse jamais, quoique avec infiniment de talent et une figure bien plus agréable, parvenir à la faire oublier. Quelle perte la scène française a faite en toi, jeune et charmante Olivier qu'à peine au printems de ton âge, l'impitoyable mort a moissonnée, semblable à la fleur des champs qui tombe au matin d'un beau jour sous la faux du laboureur. Tu serais encore aujourd'hui un de ses plus beaux ornemens, et nous ne pouvons honorer ta cendre que par d'inutiles regrets.

Paulin a tenu, pendant près de trente ans, l'emploi des rois et celui des paysans que l'usage autrefois était de réunir : quoiqu'on ne puisse pas le ranger parmi les acteurs qui ont laissé après eux une réputation, il valait néanmoins, dans le premier de ces emplois, beaucoup mieux que Baptiste qui a essayé de le remplacer, comme il l'a fait dans le rôle de Polifonte, où il a prouvé la nullité de ses moyens tragiques. Il serait à desirer que Saint-Prix se chargeât des principaux rôles de rois, tels que ceux de Pharasmane, de Thésée, de Polifonte, d'Acomat, de Phocas, du Vieil Horace, etc. Le succès qu'il a obtenu dans le rôle d'Agamemnon d'Iphigénie en Aulide, serait un sûr garant de celui dont il jouirait dans ceux de cet emploi : cela ne l'empêcherait pas de conserver les rôles dans lesquels il est en possession de plaire. Je crois qu'il rendrait en cela un grand service à l'art dramatique. Bellemont, qui a succédé à Paulin dans l'emploi seulement des paysans, est le meilleur acteur de ce genre qui ait peut-être paru sur la scène française : naturel, vérité, niaiserie normande, tournure originale, il réunit tout; Michot qui s'est essayé dans ces rôles en est bien loin. Bellemont sera difficile, pour ne pas dire impossible, à remplacer; mais, comme il n'y aura bientôt plus de pièces à paysans sur le répertoire du théâtre de la République, le vide ne s'appercevera pas.

Madame Drouin s'est distinguée, pendant un grand nombre d'années, dans l'emploi des caricatures et des ridicules ; personne ne rendait cette espèce de rôles avec plus de naturel, d'enjouement et de vérité. Elle n'a pas été remplacée par mademoiselle la Chassaigne, quoique celle-ci possède la tradition de la bonne comédie, et que sa tournure, ainsi que son physique, produisent beaucoup d'effet dans certains rôles où elle est bien placée. Elle n'est malheureusement plus jeune, et, si elle venait à se retirer, je ne vois personne pour tenir cet emploi. Le cas arrivant, il sera plus court de mettre au grenier tout l'ancien répertoire.

Armand, qu'on connaît à peine aujourd'hui de nom, et qui n'est regretté que par quelques vieux amateurs comme moi qui se le rappellent avec plaisir, a tenu, pendant de longues années, l'emploi des valets de grande livrée et des daves dans lequel il a brillé sans rivaux. Il a fait preuve d'un talent original. Personne n'a rendu et ne rendra jamais mieux que lui entre autres le rôle de Falaise dans la Réconciliation Normande, excellente pièce de Dufresny que les comédiens du théâtre de la République ne veulent pas remettre soi-disant pour s'épargner des frais de mémoire, mais je crois au fond dans la crainte d'y échouer. Armand descendit dans la tombe comblé de gloire et d'années, laissant son héritage à Auger qui, sans le valoir, le suivit d'assez près pour laisser lui-même un assez beau souvenir. Il s'est retiré trop-tôt au gré des amateurs de la bonne comédie et est mort, peu de tems après sa retraite, du chagrin d'avoir placé tout le fruit de ses épargnes chez un célèbre banqueroutier qui, tout prince qu'il était, eût mérité de figurer au pilori. Il s'élevait près de lui un acteur doué du talent le plus rare et qui devait faire les beaux jours du théâtre français ; une mort prématurée enleva Feuillie au commencement de sa carrière ; il vécut assez pour sa gloire ; mais trop peu pour les véritables amis de l'art dramatique.

Larochelle a succédé à des acteurs trop marquans, pour pouvoir marquer lui-même.

Ce n'est pas cependant que je veuille dire qu'il soit un mauvais comédien ; il a du naturel, de la vérité, un excellent masque ; mais il est froid, lourd et n'est réellement propre qu'aux rôles qui exigent plus de raisonnement que d'agilité et de finesse. Son plus grand tort est d'avoir eu des devanciers trop supérieurs.

L'emploi des grimes a été plus de trente ans entre les mains de Bonneval, et lui a valu de nombreux applaudissemens. Il avait une candeur, une bonhomie, une vérité qui produisaient la plus grande illusion. Desessarts qui lui a succédé, avait de certains rôles qu'il faisait assez valoir ; mais son physique était rebutant ; il avait l'air d'une apoplexie ambulante. Grandmesnil et Caumont partagent aujourd'hui cet emploi. Grandmesnil a un beau talent ; mais il ne vaut pas Bonneval, et d'ailleurs il touche à la fin de sa carrière dramatique. Quant à Caumont, les progrès qu'il a fait depuis qu'il a quitté le théâtre de Montansier pour entrer au théâtre français, tiennent du prodige ; il acquiert encore tous les jours et, s'il continue comme il a commencé, il sera un des meilleurs grimes qui aient paru depuis long-tems.

Rien de plus ingrat que l'emploi des confidens et des confidentes dans la tragédie; on ne tient pas compte aux acteurs qui en sont chargés, du travail qu'ils ont à faire pour s'y rendre supportables. Dauberval et madame Préville ont rempli long-tems cet emploi, froidement à la vérité, mais avec la dignité et la décence convenables. Florence a succédé à Dauberval dont il n'a pas approché; il y a cependant quelques rôles dans lesquels il se fait applaudir; mais ils sont en petit nombre. Madame Suin vaut mieux que madame Préville dans l'emploi des confidentes; elle a la bonne tradition du théâtre; mais le public d'aujourd'hui, qui n'est pas en état d'apprécier son mérite, ne lui tient aucun compte de son maintien honnête et décent. Elle n'a contre elle que de paraître à la scène beaucoup plus vieille qu'elle n'est en effet et de se mal costumer; mais, au terme de sa carrière dramatique, elle ne juge pas à-propos de renouveler sa garde-robe et elle a raison. En général, le public d'aujourd'hui qui n'en sait pas d'avantage, voyant les confidentes tragiques mises à-peu-près comme des servantes, s'obstine à les regarder comme telles et les traite en conséquence ; elles mêmes s'y habituent, et ne cherchent point à relever cet emploi. Elles ignorent ou feignent d'ignorer que les confidentes dans la tragédie sont de très-grandes dames qui doivent conserver un maintien et une dignité conformes au rang qu'elles occupent. Bien des gens trouveront peut-être ces détails minutieux ; ma réponse est qu'il n'y a rien à négliger dans les représentations dramatiques ; parce que la moindre négligence détruit toute illusion et que, sans l'illusion, le théâtre perd ses plus doux charmes.

Molé a tenu long-tems l'emploi des jeunes premiers dans le tragique et, quoique ce genre ne fût pas celui dans lequel il excellait, cependant il n'était pas déplacé à côté des grands maîtres qui faisaient alors l'ornement de la scène française. Saint-Fal, qui lui a succédé entre un grand nombre d'autres, a de l'aplomb, et entend bien la scène, raisonne parfaitement ses rôles et ne néglige aucuns détails pour les faire valoir : c'est dommage qu'il ait le débit un peu lourd ; cela ne l'empêche pas d'être un des sujets les plus précieux du théâtre français. Dupont, qui double quelquefois Saint-Fal, n'est pas sans talens, il s'en faut ; mais il n'a pas de moyens et sa santé délicate ne lui permet pas d'en acquérir.

Dangeville, frère de l'inimitable actrice de ce nom, à joué les caricatures et les niais avec le plus grand succès. Bouret, qui fut son successeur, ne les jouait pas avec moins de vérité, de piquant et d'originalité. Cet emploi est aujourd'hui partagé entre Champville et Baptiste jeune. Champville rend quelques-uns de ces rôles avec assez de rondeur et de naturel ; à l'égard de Baptiste, il sera Dasnières par-tout.

Mademoiselle Dumesnil joignait à l'emploi des reines celui des mères nobles dans le haut comique qu'elle rendait avec infiniment de décence et de noblesse. Cet emploi est vacant depuis sa retraite ; et il n'y a pas d'apparence qu'il soit de si-tôt rempli. Comme l'ancien répertoire est à-peu-près mis *à remotis* et que les pièces nouvelles n'offrent plus de rôles de mères nobles, attendu que, graces au divorce, il n'existe plus que des marâtres; on ne s'apperçoit pas du vide qu'il laisse.

Si quelque jour *l'ennui du laid nous fait revenir au beau*, mademoiselle Raucourt, qui brille aujourd'hui dans les rôles de reines, pourrait mieux que toute autre se livrer à ce genre d'étude ; elle a déja prouvé plusieurs fois qu'il ne lui manquait rien pour y obtenir les plus grands succès.

C'est par toi que je veux terminer cet affligeant tableau de la décadence de la représentation théâtrale, par toi qui fus l'acteur de la nature, l'enfant gâté de Thalie, toi enfin qui n'eus jamais d'égal et qui ne seras jamais remplacé. Les jeux et les ris sont en même tems que toi descendus dans la tombe. Qui les en tirera ? Qui leur rendra cette gaité folâtre que tu savais si bien leur inspirer ? Dazincourt, quoique doué d'un talent estimable, est cependant encore bien loin de son maître; il ne se dissimule pas à lui-même l'intervalle immense qui les sépare, et ce serait une basse flatterie que de dire le contraire. Personne ne rend plus de justice que moi aux talens de Dazincourt et aux preuves réitérées qu'il ne cesse de donner de son amour pour l'art qu'il professe, et je dis hautement qu'il serait le seul qui pourrait nous consoler de la perte de Préville, si la chose était possible; mais ce qui m'afflige, c'est de savoir que Dazincourt ne sera peut-être pas de long-tems remplacé. Je ne dis rien de Dugazon qui, pouvant se faire une réputation brillante et solide, a mieux aimé embrasser un genre où il n'y a ni gloire, ni profit à retirer. On est bien convaincu qu'il ne sera jamais qu'un saltimbanque fait pour divertir la populace sur des tréteaux.

Telle est la peinture fidèle et malheureusement trop vraie de la situation actuelle du théâtre français. Quelques personnes m'accuseront peut-être de mauvaise humeur ou de partialité; elles auront tort. Quel intérêt pourrais-je avoir à dégrader un art que j'idolâtre et des comédiens dont j'estime les talens. J'aime à leur rendre justice, mais je dois dire ce qui est, et je ne connais aucune considération qui puisse m'engager à parler autrement que je ne pense. *Amicus Plato ; sed magis amica veritas.* Je sais qu'il ne dépend pas d'eux de retarder une décadence qui ne s'arrêtera que lorsque le public, mieux éclairé sur ses intérêts, aura fait rentrer dans le néant les *Jocrisse*, les *Cadet Roussel*, les *Cavardin*, les *Madame Angot* et généralement tout ce que les cabotins appellent si noblement le *gros genre*. Puisse une révolution si vivement attendue arriver bientôt ! C'est alors que Melpomène et Thalie rentreront dans leurs antiques domaines, et que l'art dramatique, triomphant de ses imbécilles détracteurs, reprendra l'auguste éclat qu'il avait obtenu sous le règne immortel de Louis le Grand, et que le mauvais goût était venu à bout de ternir.

Après avoir exposé le tableau de nos misères actuelles, examinons les motifs de consolation qui peuvent exister dans l'avenir, et voyons s'il nous reste encore quelques espérances que nous puissions voir réaliser.

L'année qui vient de s'écouler, a offert cinq débuts, tous cinq dans le tragique : ils n'ont pas été également heureux, quoique le public ait prodigué à tort et à travers les applaudissemens les plus ridicules aux nouveaux athlètes, qui se montraient pour la première fois dans la carrière. Les bravo, les trépignemens, les couronnes mêmes ne leur furent pas épargnées. Les Dusaussoir ranimèrent les feux mourans de leur muse éthique, et firent en leur honneur force petits vers anodins pour payer, en quelque sorte, les entrées dont ils jouissent au théâtre de la République ; mais des vers, des bravo, des couronnes ne prouvent pas toujours le talent ; et je vais examiner d'une manière impartiale, si tout cela a été bien mérité.

Lafond s'est présenté le premier, annonçant de grandes prétentions, et n'ayant pas, pour les soutenir, tous les moyens nécessaires. Il s'est essayé dans les plus grands rôles tragiques, et n'a paru craindre aucune réputation. Il est assez bien tourné ; mais il se dessine mal, manque de noblesse, et sa figure qui est assez bien à la ville, n'est plus la même au théâtre. Sa diction est monotone et vicieuse, et ses intonations souvent fausses.

Il ne paraît pas jouer d'après lui ; mais il copie indistinctement tous ceux qui parcourent la même carrière. Ce qu'il fait de mieux, c'est de pleurnicher assez passablement : il annonce de la sensibilité, et s'il peut joindre à ce don précieux de la nature les autres qualités qui lui manquent, il n'y a pas de doute qu'il ne parvienne, sinon au premier rang, du moins à un certain degré de mérite qui le rendra cher à l'art qu'il professe et qu'il paraît aimer. Cet article est sévère, je le sais ; mais il n'est pas d'un ennemi de Lafond, et les applaudissemens ridicules qu'on lui prodigue ne viennent que de cabaleurs ou de gens à parti. Cette conduite a paru lui inspirer un orgueil qui a nui à ses progrès et qui finira par le perdre, s'il ne se hâte de le dépouiller. Si Lafond n'annonçait pas des dispositions qui pourront, à force de travail et de soins, le rendre quelque jour recommandable, je me serais bien donné de garde de déchirer le bandeau qui s'épaissit sur ses yeux ; mais, comme son talent peut se développer d'une manière avantageuse, il est bon de l'arrêter sur le bord de l'abîme où une aveugle confiance peut le précipiter. Il paraît avoir eu primitivement de mauvais principes : puisqu'il a de l'intelligence et qu'il sent bien ce qu'il dit, il faut, s'il veut être original, qu'il joue d'après lui-même, sinon il ne sera jamais qu'un misérable copiste. J'invite en conséquence Lafond à faire des réflexions sérieuses sur ce que je viens de lui dire ; tôt ou tard il rendra justice à la pureté de mes intentions : puisse-t-il profiter de sa jeunesse et ne se pas mettre dans le cas d'éprouver un jour des regrets inutiles !

Madame de Saint-Elme a cru qu'une taille avantageuse, une belle figure et l'éclat de la jeunesse suffisaient pour se montrer dans la carrière dramatique : c'est un grand avantage sans doute, mais, quand il n'est pas accompagné des autres qualités indispensables dans un comédien, il compte pour très-peu de chose. Madame de Saint-Elme en a fait la triste expérience. Le public, qui la jugea plus propre à disputer sur le mont Ida le prix de la beauté qu'à cueillir les palmes de Melpomène, se montra très-peu galant à son égard : il lui signifia, d'une manière peut-être un peu trop énergique, qu'elle eût à renoncer à un état pour lequel elle ne montrait aucune disposition, et l'éconduisit brusquement du temple auguste où elle avait trouvé moyen de pénétrer. Le défenseur de toutes les mauvaises causes, le journal de Paris, a voulu rompre une lance en sa faveur ; mais mad. de Saint-Elme s'est rendu justice ; elle a renoncé au théâtre et elle a bien fait.

Mademoiselle Volnais qui lui a succédé, est en quelque sorte un enfant ; son âge commandait l'indulgence, et elle a éprouvé de la part du public plus que de l'indulgence ; il a même accueilli, peut-être avec trop d'enthousiasme, les dispositions qu'elle annonçait : je ne crois pas que mademoiselle Volnais soit appelée à jouer les grands rôles tragiques de son emploi ; mais, en travaillant avec courage et en méditant sur son art, elle obtiendra des succès dans ceux qui sont plus analogues à ses moyens, tels que Junie dans Britannicus, Aricie dans Phèdre, Iphigénie dans Iphigénie en Aulide, Palmire dans Mahomet, sauf les imprécations, Constance
dans

dans Inès de Castro, etc. ; mais il faut qu'elle abandonne, jusqu'à nouvel ordre au moins, les Zaïre, les Alzire, les Andromaque, les Monime et autres trop au-dessus de ses forces. Il est aussi quelques rôles nobles dans les comédies, rôles dans lesquels elle pourrait faire l'essai de son talent, et qui doubleraient l'intérêt qu'elle est faite pour inspirer.

Si mademoiselle Gros, qui a paru ensuite, n'avait pas été autant prônée par la cabale qui voulait anéantir mademoiselle Volnais, pour l'élever sur ses ruines, son début aurait eu moins d'éclat; elle n'aurait obtenu ni couronnes, ni bravo ; et peut-être y aurait-elle gagné. En général, si l'on en excepte madame de Saint-Elme, mademoiselle Gros est celle qui annonce le moins de dispositions et donne le moins d'espérances. Je puis me tromper et je le desire bien sincèrement; mais je ne crois pas que son talent s'élève jamais au-dessus du médiocre : il ne faut que lui entendre réciter une scène, pour reconnaître l'école d'où elle sort. C'est une linotte à laquelle on a siflé un air et qui le répète tant bien que mal. Elle ne joue point d'après

C

elle-même; on l'a fait débuter trop jeune; comment peut-elle exprimer des passions dont elle n'a pas la plus légère idée; d'ailleurs elle manque d'une des qualités les plus essentielles pour quiconque se destine au théâtre, celle de sentir ce qu'elle doit exprimer. Si j'avais un conseil à donner à mademoiselle Gros, ce serait de quitter un état auquel elle ne paraît point propre : celui de couturière, de marchande de modes, de lingère, de mère de famille enfin estimée et chérie est préférable au sort d'une reine de Carthage ou d'une princesse américaine poursuivie par les murmures du public et obligée de dévorer en silence les dégoûts dont on ne cesse de l'entourer.

Mademoiselle Bourgoing se présentait avec trop d'avantages, pour ne pas exciter contre elle les deux cabales qui chacune avait sa protégée à soutenir, et qui prévoyaient de reste le coup que ses talens seraient dans le cas de leur porter. Aussi n'épargnèrent-elles rien pour éloigner de la carrière une rivale aussi dangereuse : tout fut mis en œuvre pour y parvenir; mais la protection d'un ministre, ami des arts, déjoua toutes les intrigues, et mademoiselle Bourgoing n'eut besoin que de paraître, pour prendre le rang que lui assignaient ses talens et les excellentes leçons qu'elle avait reçues et qu'elle avait su mettre à profit. Elle eut à peine débité une scène de son rôle, qu'on s'apperçût aussi-tôt qu'elle sortait d'une école bien supérieure à celle de ses deux rivales. La cabale, forcée dans ses derniers retranchemens, imagina de vouloir enlever à mademoiselle Dumesnil la gloire d'avoir formé mademoiselle Bourgoing. Aussi minutieuse que basse dans ses manœuvres, elle empêcha qu'on ne mît sur l'affiche : *élève de mademoiselle Dumesnil*; mais la protection du ministre la réduisit au silence, et la justice fut rendue à qui il appartenait. Mademoiselle Bourgoing a justifié, dans le cours de ses débuts, les espérances qu'elle avait données, et les a même surpassées. Elle joue également bien dans la tragédie et la comédie ; c'est un double avantage. Aussi son sort a-t-il été fixé, sans attendre la fin de ses débuts, par son admission au nombre des comédiens français. Quand elle aura acquis ce qui lui manque encore, car elle est loin de la perfection à laquelle ses moyens doivent s'efforcer d'atteindre, elle jouira de toute sa réputation, et je ne dissimule pas que je la crois appelée à être un des soutiens du théâtre français. C'est à elle qu'il appartient de remplir ses hautes destinées : du courage, des efforts constans, et elle se trouvera insensiblement à sa place.

Tel est donc le tableau des malheurs qui nous menacent et des espérances qui nous restent. Jusqu'à présent nul début dans le comique; et il est cependant bien essentiel que la cour de Thalie soit repeuplée d'une génération capable de succéder avec gloire à celle qui existe actuellement. Quoique la somme de la décadence l'emporte d'une manière effrayante sur celle de l'espoir, le salut du théâtre français n'est peut-être pas encore tout-à-fait désespéré : il ne s'agit que d'y appliquer un prompt remède. Je vais mettre au jour quelques idées qui me sont venues à cet égard et dont le gouvernement, s'il le juge à propos, pourrait tirer un parti avantageux. Content de les avoir produites, je ne demande que de les voir fructifier, heureux d'être utile, n'importe par quel moyen.

Nous avons un conservatoire de musique, institution précieuse, si elle était mieux dirigée : cette école, dans laquelle on compte, pour ainsi dire, plus de professeurs que d'élèves, coûte excessivement cher et pourrait être considérablement réduite, sans être moins utile. Mais ce n'est pas du conservatoire dont il s'agit, c'est d'une école de déclamation à établir sur des bases plus simples et infiniment moins dispendieuses.

L'établissement de cette école n'exigerait du gouvernement que le sacrifice d'une modique somme de trente mille francs (1) par année. Je vais tracer en peu de mots une légère esquisse du plan sur lequel on pourrait la former. Je ne doute pas qu'on ne puisse faire mieux ; mais il fallait concilier l'économie et l'utilité, et j'ai tâché de les réunir.

---

(1) Il est à observer que cette somme ne forme pas la huitième partie de celle que coûte annuellement le conservatoire.

Il ne faudrait, pour le service de cette école, que cinq professeurs dont quatre de déclamation et un de grammaire (1) : les émolumens de ces professeurs, taxés à raison de 3000 fr. par tête, s'éleveraient à la somme de . . . . 15,000 fr.

Parmi le nombre des aspirans qui se seraient fait inscrire à cette école, on choisirait au concours les douze plus méritans qui obtiendraient le titre d'élèves, avec un traitement annuel de 600 f. ci.   7,200

Dans un nouveau concours qui aurait lieu à la fin de chaque année, quatre des élèves qui seraient désignés comme ayant fait les progrès les plus marqués, obtiendraient un prix d'encouragement de 300 fr. ci . . .   1,200

                                       23,400

---

(1) Pour que le choix de ces professeurs obtînt l'approbation générale, il ne s'agirait que de nommer Molé, Fleury, Saint-Prix et Saint-Fal. Quant à celui de grammaire, pourvu que ce ne fût ni Urbain Domergue, ni Chepelain Lebrun, cela deviendrait assez indifférent.

Ci contre. . . . 23,400 fr.

Les quatre suivans n'en obtiendraient qu'un de 150 f. ci 600

Enfin il ne serait alloué aux quatre derniers qu'un encouragement de 100 fr. ci 400

Parmi les aspirans au titre d'élèves, les quatre jugés au même concours dignes d'un prix d'encouragement, recevraient, savoir, le premier 200 fr., les deux après 150 fr. chacun et le quatrième 100 fr. ci 600

TOTAL . . . 25,000

Les 5,000 fr. restant, pour completter la somme de 30,000 fr. demandée, suffiraient et au-delà tant pour les frais de bureau, le chauffage, la lumière, etc. que pour les gages du concierge ou du portier, bien entendu que le gouvernement qui a des édifices à sa disposition, en donnerait un convenable pour cet établissement qui n'exigerait un local ni vaste, ni dispendieux.

Tel est le précis du plan que je propose et que je crois qu'il n'est pas impossible de mettre en œuvre. C'est, je le répète, le seul moyen qui nous reste pour prévenir la décadence totale de l'art dramatique. Si le gouvernement juge à propos d'en faire usage, j'en serai d'autant plus flatté, que j'aurai concouru, en quelque sorte, à son rétablissement : si je suis trompé dans mon espoir, satisfait d'avoir voulu le bien, ma récompense sera dans mon cœur.

X. Y. Z.

F I N.

www.ingramcontent.com/pod-product-compliance
Lightning Source LLC
Chambersburg PA
CBHW070717050426
42451CB00008B/689